Sermons

de Saint Bernard

en Langue Romane

Par l'Abbé G. DURVILLE

*Membre de la Commission administrative du Musée d'Archéologie
de la Loire-Inférieure*

NANTES

IMPRIMERIE MODERNE — JOUBIN & BEUCHET FRÈRES

Rue du Calvaire

1901

Sermons ❧ ❧ ❧ de Saint Bernard

en Langue Romane

Par l'Abbé G. DURVILLE

Membre de la Commission administrative du Musée d'Archéologie
de la Loire-Inférieure

NANTES

IMPRIMERIE MODERNE — JOUBIN & BEUCHET FRÈRES
22 et 24 - Rue du Calvaire

1903

Sermons de Saint Bernard

EN LANGUE ROMANE (1)

Ms. fin du XIIe siècle. 0.210 sur 0.142 mil.; 233 ff. chiffrés. Vélin. Reliure velours cramoisi, avec deux fermoirs vermeil; doré sur tranches.

Ce manuscrit, que nous ne craignons pas de placer parmi les objets les plus précieux du Musée Dobrée, a été l'objet d'une distinction qui est tout à la fois pour lui un grand honneur et un grand bonheur.

Nous ne voulons pas parler de sa reliure un peu tapageuse, en velours rouge, avec gardes en soie bleue et fermoirs de vermeil agrémentés de pierreries et signés *Odiot, orfèvre, Paris, rue l'Evêque, 1*. Dans tout le travail, on sent un effort pour honorer le volume. Mais, sans manquer de goût, on peut dire

(1) Cette étude est extraite d'une autre plus considérable que nous publions sur tous les manuscrits du Musée Dobrée.

que l'ensemble est d'un goût douteux. Le vêtement ne doit pas
jurer avec celui qui le porte : il faut de l'harmonie entre le
contenu du volume et sa reliure. Franchement, un vieux
manuscrit, en vieux français, contenant des sermons et des
sermons de saint Bernard méritait, au lieu de cette coquetterie,
une ornementation d'une beauté plus simple, plus grave, plus
sérieuse : le bleu tendre ne va pas mieux aux vieux manuscrits
qu'aux vieilles gens.

Mais ce qui honore notre vénérable manuscrit beaucoup
plus que sa reliure, c'est qu'il a été l'objet d'une étude d'un
maître en la matière. M. L. Delisle, l'éminent conservateur de
la Bibliothèque nationale, n'a pas cru indigne de sa science
et de ses hautes fonctions de s'occuper d'un manuscrit d'une
collection de province. Il a consacré dans le *Journal des Savants*,
mars 1900, à *Un troisième manuscrit des sermons de S. Bernard
en français*, un article bien connu des érudits.

Nous ferions peut-être mieux de reproduire ici inté-
gralement cette étude remarquable. Elle serait le meilleur
article de tout ce volume. Mais comme elle n'a pas trait seulement à notre manuscrit, nous nous bornerons à lui emprunter
ce qui le touche exclusivement.

D'ailleurs, M. L. Delisle n'ayant pas eu le volume entre
les mains, n'a pu le décrire que d'après des notes qu'on lui en
avait envoyées. Or un article fait sur les notes d'un autre, est
exposé à quelques lacunes, et même quelquefois à quelques
inexactitudes ; les autres ne voient pas avec nos yeux.

« M. P. de Lisle du Dreneuc, conservateur du Musée
Dobrée, écrivait M. L. Delisle, a bien voulu me communiquer
la reproduction photographique de plusieurs pages du troisième
manuscrit des sermons de S. Bernard. » Cette reproduction
n'était pas possible pour toutes les pages ; et, dans la partie
des sermons tirée des autres pages et publiée par le *Journal
des Savants*, la copie de Mlle Pellechet contenait quelques
erreurs de lecture, qui demandent à être rectifiées dans l'intérêt
de l'étude du vieux français.

Qu'on excuse donc notre témérité, si nous entreprenons
un second article sur les sermons de saint Bernard.
Nous y exploiterons largement le travail de M. L. Delisle ; et

tout en y faisant des rectifications du texte dont il n'a eu sous les yeux que des copies, nous ajouterons à son étude quelques indications qu'un vieux volume donne lui-même à ceux qui le pratiquent à loisir, mais ne donne qu'à ceux-là : car c'est sa manière, en se livrant à eux, de les récompenser de suivre à son égard la seconde moitié seulement du précepte d'Horace :

Nocturna versate manu, versate diurna.

On connaît trois manuscrits des sermons de saint Bernard en roman. Voici ce qu'écrit M. L. Delisle des deux premiers : .

« La version française des Sermons de saint Bernard a d'abord été étudiée dans un manuscrit jadis conservé chez les Feuillants à Paris, aujourd'hui à la Bibliothèque nationale (n° 24768 du fonds français), qui contient quarante-cinq sermons pour la période de l'année liturgique comprise entre l'Avent et l'Annonciation. De ce manuscrit, M. Le Roux de Lincy a tiré neuf sermons, auxquels il a donné place à la suite de son édition des livres des Rois (1). Le texte complet en a été publié, en 1885, par M. Wendelin Foerster (2).

Un deuxième manuscrit, contenant quarante-trois sermons de la seconde période de l'année liturgique, de l'Annonciation à l'Assomption, et faisant ainsi suite (3) au manuscrit de Paris, s'est trouvé dans la collection du collège de Clermont (4), qui est passée, en 1889, de la bibliothèque de sir Thomas Phillipps (5) dans la bibliothèque royale de Berlin (6). A peine incorporé

---

(1) *Les Quatre livres des Rois, traduits en français du XII° siècle.* Paris, 1841, in-4°. *(Collection de documents inédits.)*

(2) *Li Sermon saint Bernart.* Erlangen, 1885, in-8°, XX et 192 p. (Extrait du t. II des *Romanische Forschungen.)*

(3) Les trois derniers sermons du premier manuscrit se trouvent même répétés au commencement du deuxième.

(4) Ms. 776 du catalogue publié en 1764.

(5) N° 870. Avant d'arriver chez sir Thomas Phillipps, le ms. a figuré sous le n° 870 dans la bibliothèque de Meerman. — Ce recueil de sermons est annoncé sans nom d'auteur dans les catalogues du collège de Clermont, de Meerman et de sir Thomas Phillipps.

(6) A. Schulze, *Die romanische Meerman-Handschriften des sir Thomas Phillipps,* p. 12, ms. n° 20.

dans ce dépôt, il a attiré l'attention de M. A. Tobler, qui en a publié (1) la table et le texte de quatre sermons. C'est l'exemplaire dont plusieurs cahiers ont été entre les mains de Peiresc. Tous les sermons qu'il contient ont été publiés en 1894 par M. Alfred Schulze (2). »

Le troisième manuscrit a fini comme les autres, par parvenir dans une bibliothèque publique. Il est désormais conservé à Nantes, dans le Musée Dobrée : c'est celui que nous étudions.

Le volume consiste en 233 feuillets d'un parchemin assez épais, occupés par les sermons. Dans ce nombre n'est pas compris le dernier feuillet, resté d'abord en blanc, mais sur lequel se trouvent huit lignes écrites en roman assez semblable à celui des sermons, bien que d'une autre main. A la différence des deux feuillets de garde introduits au commencement et à la fin du volume, lors de sa reliure, le feuillet 234 a dû appartenir au manuscrit dès l'origine : cette addition en roman est de la même écriture que deux autres lignes de même langue inscrites au haut du premier feuillet.

Le second feuillet, blanc des deux côtés, semble avoir été ajouté assez récemment, pour protéger la première miniature. Bien qu'il ne soit pas chiffré, il a été compris dans la pagination : sa suppression ne ferait aucun tort au manuscrit. Il en interrompt le texte et fait d'abord croire à une lacune qui n'existe pas.

Le volume, contre l'ordinaire, est chiffré au verso des feuillets. Cela tient probablement à ce que c'est également au v° que commence le premier sermon. La chiffraison est régulière jusqu'à la page 199. De la page 200 à la fin du volume, une inadvertance a fait remployer les nos 100, 101, etc., au lieu de 200, 201, etc.

Chaque cahier du volume était autrefois signé en chiffres

(1) *Sitzungsber. der K. Preuss. Akademie der Wissensch.* 1889, p. 291-308.

(2) *Predigten des Bernhard in alter französischer Uebertragung.* Tübingen, 1894. (Vol. CCIII de la collection de la Société littéraire de Stuttgart.)

romains, au bas du verso du dernier feuillet. Le relieur a rogné un certain nombre de ces signatures : on voit encore, en tout ou en partie, les suivantes :

II f. 17; V f. 41 ; VII f. 57 ; VIII f. 65 ; VIIII f. 73 ; X f. 81 ; XI f. 89 ; XII f. 97 ; XIII f. 105; XIIII f. 113; XV f. 121 ; XVIII f. 145; XX f. 161 ; XXI f. 169 ; XXII f. 177; XXIII f. 185; XXIIII f. 193; XXV f. 201 ; XXVI f. 209 ; XXVII f. 217; XXVIII f. 225; la signature du dernier cahier (XXIX) a été rognée.

Chaque cahier est de huit feuillets ; mais, comme nous en faisons la remarque ailleurs, le feuillet blanc qui a été intercalé entre les feuillets 1 et 2 a été compris dans la pagination ; ce qui fait, pour le premier cahier, neuf feuillets de chiffrés, bien que le manuscrit des sermons n'en comprenne en réalité que huit.

C'est ainsi que la signature II se trouve correspondre à la page 17 et non, comme elle le devrait, à la page 16 : et, par le report de cette unité, l'harmonie entre les signatures et la pagination se trouve en désaccord d'une unité dans tout le volume.

L'écriture est disposée sur deux colonnes de trente lignes chacune, réglées à l'encre. Il serait intéressant, pour la langue romane, d'en fixer la date avec précision. Malheureusement, la chose est difficile. « L'écriture semble, dit M. L. Delisle, qui en a vu la photographie, pouvoir être rapportée à la fin du XIIe siècle ou au commencement du XIIIe. » En étudiant la forme de certaines majuscules, on serait tenté de la fixer plutôt à la fin du XIIe. Le copiste a deux formes différentes pour les lettres C, D, E, G, O, Q, T ; la première est la forme ancienne, que l'on retrouve dans tout le courant du XIIe siècle ; la seconde, la forme nouvelle, avec sa tendance à la forme gothique. De temps en temps, il a recours à la seconde, mais, le plus souvent, il emploie la première, comme en raison d'une habitude prise depuis longtemps. Il semble que, si le manuscrit n'avait été écrit qu'au XIIIe siècle, il y aurait plus d'uniformité dans ces caractères, et que la majuscule du XIIe n'y serait pas si largement représentée.

Toutes les phrases commencent par une majuscule : la majuscule n'a été employée que comme initiale de phrase, mais non comme initiale de nom propre. La phrase finit par un point carré appuyé sur une barre oblique : le simple point remplit le rôle de virgule ; le point d'interrogation consiste en un point surmonté d'un double crochet, en forme d'*2*.

Le volume est tout entier écrit de la même main. L'auteur ne va à la ligne que pour le commencement de chaque sermon. Dans deux cas, cependant, f°s 201 et 223, il consacre un alinéa à une sorte de préface. Les parties de mots interrompus par la fin des lignes sont scrupuleusement reliées entre elles par un trait oblique. Un trait semblable sert souvent à pointer les *i* et à accentuer les quatre autres voyelles *a, e, o, u* : quant à l'*y*, il est pointé et non accentué.

Il est difficile de dégager les règles d'accentuation suivies dans tout le volume. On entrevoit assez souvent la raison de cette accentuation. Quand trois, quatre ou cinq traits semblables se suivent, l'auteur accentuera l'*i* pour faciliter la lecture du mot : ainsi il accentuera les *i* dans : *celui, uiuifié, diuin, uiande*, tandis qu'il ne les accentuera pas dans : *il, cil, moi*.

Mais ces règles générales souffrent souvent des exceptions. Ainsi, en contradiction avec le principe précédent, on trouvera sans accent sur l'*i* les mots *liure, cui, uirent*, et quelquefois les mêmes mots avec ou sans accent.

A préposition a souvent l'accent qui distingue la préposition du verbe : mais souvent aussi cette lettre est sans accent. *V* pour *u*, avec le sens de *ou* conjonction et de *où* adverbe de lieu, se rencontre également avec ou sans accent. Dans une même colonne, f° 4 v°, le mot *sanior* se retrouve quatre fois : dans trois cas l'*i* et l'*o* de ce mot portent l'accent ; dans le quatrième, il est omis, bien que souvent, dans tout le cours du volume, le même mot porte cette double accentuation. De même, *matinée* est écrit au f° 127 deux fois avec un accent sur chaque *e* : *matinéé*, et cinq fois sans accent : *matinee*. L'auteur semble pourtant avoir pour principe d'accentuer les deux *e* qui se suivent, et écrit ailleurs *parfinéé*, f° 3, pour *parfinée*, *apeléés*, f° 5, pour *apelées*, *diuiséé*, f° 6, pour *diuisée*. On serait même parfois tenté de croire qu'il a voulu généraliser le principe en vertu duquel les scribes de ce temps ne mettaient les points sur les *i* que quand deux *i* se suivaient, pour empêcher dé les confondre avec l'*u*, et qu'il accentue deux voyelles semblables quand elles se suivent : du moins met-il un accent sur chaque *o* dans les mots *enfoois* (enfouis), f° 18 v°, *oons* (écoutons), f° 19, *pooit*, f° 200. Mais toutes ces observations sont parfois démenties par d'autres : quelquefois dans la même page (f° 18 v°, 200); si bien que l'on se demande si les règles que l'on serait tenté de dégager d'un certain nombre d'observations, sont bien celles qui ont, en réalité, guidé l'auteur du manuscrit.

Toutes ces remarques montrent, du moins, qu'il y a eu dès lors, une réglementation pour l'accent. Si les principes qu'on serait tenté de lui assigner n'ont pas toujours été suivis, la chose peut tenir ou à l'inadvertance du copiste, ou à la combinaison d'autres principes dont une étude de l'accentuation, dans tout le volume, parviendrait, peut-être, à faire connaître les détails plus exactement.

Le volume ne renferme que deux miniatures. **La première,** f° 1 v°, représente un personnage assis, la tête penchée, écrivant sur un pupitre, tenant de la main droite la plume, de la gauche le grattoir. Il porte une longue chevelure, une barbe coupée court, ainsi qu'une auréole d'or chargée de ronds. Il est vêtu d'une tunique bleue à amples manches; sur son épaule gauche est posé un manteau blanc qui entoure sa taille, et dont un pan repose sur ses genoux, laissant dégagé, pour écrire, son bras droit.

C'est la seule ornementation du volume pour laquelle l'enlumineur ait employé l'or. Il s'en est servi pour la lettre A, l'encadrement rectangulaire de la miniature et la barre du fauteuil. Par-dessus l'or, il a ajouté quelques traits de couleur.

La seconde miniature, f° 201, représente deux personnages inscrits dans la lettre L. Le premier, debout dans la partie supérieure de la lettre, est vêtu d'une tunique bleue à manches larges; sur les épaules, un manteau rouge, dont il relève un pan de sa main gauche, chargée d'un livre. Sa chevelure longue tombe en rouleaux sur ses épaules, et est séparée par une raie. Il porte en collier sa barbe coupée court; sa tête est ornée d'une auréole rouge, chargée de ronds. On peut y voir ou saint Luc ou saint Bernard. A ses pieds, assis sur son séant, et allongé dans le sens du bas de la lettre, un autre personnage sans nimbe, chevelure longue et barbe coupée court, vêtu d'une première tunique bleue, par-dessus laquelle en passe une autre rouge, aux manches serrées au poignet, et recouverte elle-même d'une troisième plus ample, aux manches larges ; sur ses genoux, un quadrupède d'une espèce difficile à déterminer. A deux angles de la lettre, deux fleurs de lys au pied coupé. Les tuniques de dessus de ces deux personnages sont semées de points blancs disposés en triangle, et ornées, au bas, aux manches et au cou, de passementerie blanche.

Ces deux miniatures, par le manque d'expression des physionomies, la gaucherie de l'attitude, la raideur des plis des vêtements, se rattachent beaucoup plus au XIIe siècle qu'au XIIIe. Elles ont d'abord été dessinées au trait : les pourtours des lettres, des personnages, les plis de leurs vêtements sont noirs. La couleur remplit les intervalles, comme dans les émaux incrustés.

Les initiales de chaque sermon sont d'une décoration beaucoup plus sommaire. La lettre est rouge et agrémentée de quelques traits bleus. L'initiale de l'épître de saint Bernard à un évêque-cardinal, f° 162, est plus travaillée que les autres, mais dans le même genre, et avec les mêmes couleurs.

Tous les titres sont en lettres rouges, f°s 179, 198, 201, 223, 229. Les quarante-quatre sermons sur le Cantique des cantiques sont compris sous un même titre. De simples chiffres romains en rouge indiquent le commencement de chaque sermon. Les derniers ont été mal chiffrés. On a mis xxxi, f° 150 ; xxxxi, f° 152 ; xxxxii, f° 157, et xxxxiii, f° 159, à la place de xxxxi, xxxxii, xxxxiii et xxxxiiii.

Du f° 32 au f° 208, le plus grand nombre des corrections est également en rouge. Elles consistent en grattages, f°s 67 v°, 172 v°, 208 v° ; en groupes de lettres barrés, f°s 141 v°, 157 v° ; en lettres annulées par un point en dessous. Elles sont souvent faites dans le texte lui-même, dont on a surchargé les lettres ou les mots défectueux par une version meilleure. Mais quand la correction est trop longue, une croix rouge renvoie soit à la marge, f°s 125, 153, soit au bas de la page, f°s 150, 152, 171, 172 v°, 177 v°.

L'examen minutieux de ces diverses corrections nous amène
à une double conclusion : la première, c'est que notre manuscrit a été copié sur un texte roman ; la seconde, c'est qu'il a
été revu et corrigé d'après un texte latin.

Plusieurs des fautes qui ont été corrigées ne peuvent
s'expliquer que par une erreur de lecture, lettres mal lues ou
passées. Dans ce nombre, nous placerons les suivantes :

« *Sei* pluisor » pour « *sor* pluisors », fo 112 vo ; « anemi »
pour « *ami* », fo 124 ; « les *oez* » pour « les *ciez* », fo 140 vo ;
« qui *aimet* est » pour « qui *à moi* est », fo 157 vo ; « *relicnt*
assez » pour « *reciet* assez », fo 150 vo ; « *manes* » pour
« *manages* », fo 156 vo.

Il est surtout deux corrections qui nous semblent être d'un
grand poids à l'appui de notre hypothèse.

Au fo 98 vo, le scribe avait écrit : *car* LEONS *at ilh faiz
angeles.* Par la correction, cette phrase singulière devient : *car*
LES UNZ *at ilh faiz angeles,* traduction exacte du texte de
l'Ecriture : *alios quidem posuit angelos,* rappelé dans le sermon.
Mais le scribe ayant sous les yeux un texte roman qui portait :
les unz, et non un texte latin, qui porte : *alios,* a commis une
sorte de coquille en écrivant le mot *leons* pour *les unz.*

La seconde coquille commise par notre scribe est la suivante : *Cant ilh est en* DOUS, *si rampet,* fo 90 vo. A la place du *d,*
le correcteur a mis *cl,* ce qui donne le mot *clous,* traduction
exacte du mot latin *clausus,* compris dans le texte de saint
Bernard : *Clausus latius serpit.* Serm. XXVI. 3.

Pour donner un sens à la phrase, il a suffi de corriger une
seule lettre et de substituer *cl* à *d.* Or, les lettres *cl* accolées
ressemblent tellement au *d* minuscule, que ces différents caractères ont parfois été pris les uns pour les autres. Le texte que
copiait notre scribe devait avoir en cet endroit un *d* minuscule,
suivant l'usage le plus répandu dans le courant du XIIe siècle,
et non un *d* oncial, plus fréquent au XIIIe, et qui n'aurait pas
prêté à cette confusion (1).

(1) Par une erreur analogue, provenant de la confusion du *d*
avec *cl,* le copiste du Cartulaire de Redon a étrangement défiguré
le nom d'une paroisse du pays nantais. Dans la charte CCXLII, p. 193
de ce Cartulaire publié par M. A. de Courson, nous lisons : *in pago*

Cette double coquille et les autres erreurs de lecture seraient inexplicables dans l'hypothèse d'une traduction directe du texte latin ; elle a son explication toute naturelle dans l'hypothèse de la transcription d'un texte roman.

Il est également à remarquer que le copiste a confondu l'*l* avec l'*s* dans les circonstances où cette confusion est possible, particulièrement avec l'*s* final. Cette dernière lettre était le plus souvent à haste (*ſ*), à la fin comme dans le corps du mot, avant le XIIIe siècle ; ce n'est qu'à partir de la fin du XIIe siècle que cet *ſ*, assez semblable à l'*f*, est remplacé à la fin du mot par l'*s* à double crochet. Or, dans plusieurs écritures du XIIe siècle, les deux lettres à haste *l* et *ſ* se ressemblent d'assez près pour qu'on puisse les confondre. On trouve des traces de cette confusion dans les corrections suivantes : *des* pour *del*, f°s 28 v°, 56, 80 v° ; *del* pour *des*, f° 160 ; *les* pour *ses*, f° 135 v° ; *sa* pour *la*, f° 161. Ces diverses méprises auraient été impossibles avec un texte latin.

Les corrections prouvent, en second lieu, que notre manuscrit a été soigneusement revu et collationné d'après le texte latin. Dans les derniers exemples précédents, on peut constater que c'est dans le texte latin que deux phrases inintelligibles trouvent un sens, et leur sens véritable. Les mots *les uns* sont la traduction d'*alii ; clous* pour *clos*, est la traduction de *clausus ;* c'est donc le texte latin qui a fourni ces mots.

Voici d'autres comparaisons qui montreront encore mieux la vérité de notre conclusion. Nous donnons d'abord le texte roman ; en face, le texte latin ; puis la remarque que leur étude nous suggère.

Namnetico, in plebe CLAVIZAC. Des auteurs se sont demandé avec étonnement comment l'ancien nom de la paroisse d'Avessac avait pu être *Clavizac*. La réponse est facile : c'est simplement par l'inadvertance de l'auteur du Cartulaire. Dans la charte carolingienne qu'il transcrivait, il devait y avoir *d'Avizac*, et, au commencement de cette charte, il avait lui-même très bien lu *in plebe* DAVIZIACA pour *d'Aviziaca :* mais, cette fois, soit que la boucle du *d* fût un peu plus séparée de sa haste, soit pour une autre raison, il a dédoublé la lettre et lu *cl ;* et c'est ce qui fait que, jusqu'ici, *Avessac* passe pour s'être appelé anciennement *Clavizac*.

Fol. 124 v°. Serm. xxxii. Quel-
unkes lieu vostre piez descocerat.

Quemcumque locum calcaverit
pes vester. Serm. xxxii. 8.

Le correcteur a barré *desco* et mis au-dessus *chau*, ce qui
donne *chaucerat*, traduction de *calcaverit*.

Fol. 125. Ke ilh li ensengel
u ilh geicet.

Postulat sibi indicari, ubi ipse
pascat et cubet. xxxii. 10.

Le correcteur a rétabli à la marge le mot *passet*, traduction
du mot *pascat*, passé par le copiste.

Fol. 126. Ki ne covoiteroit
mult ardanment lo paus?

Quis non illic vehementer
cupiat pasci? xxxiii. 3.

Le texte roman est incompréhensible. Le correcteur a
annulé l'*o* de *lo* et mis au-dessus *a estre*, ce qui donne : « Ki ne
covoiteroit... la estre paus » ; *là* traduit *illic*, et *estre paus*, *pasci*.

Fol. 140. ... le cui que il
voileront mie.

... puto quod melius vigila-
bunt. xxxvi. 33.

La version romane constituait un contre-sens, *mie* étant
une négation. Le correcteur a mis un *z* à la fin du mot, ce qui
donne *miez* pour *mieux*, traduction de *melius*.

Fol. 140. ... la raison de-
mandet la continace.

... quod continuandum ratio
exigebat. xxxvi. fin.

Le correcteur a mis un *u* entre l'*n* et l'*a*, et surchargé cet
a d'un trait, ce qui donne *continuance* pour *continuation*,
traduction de *continuandum*.

Fol. 141 v°. ... la conscience
esperance.

.. spe concepta. xxxvii. 5.

Dans *conscience*, le correcteur a annulé, par un point, la
lettre *s*, barré *ence*, et placé au-dessus *te*, ce qui donne *concite*,
traduction de *concepta*.

Fol. 144 v°. Alsi astoit l'espouse bele clamée.

Ita et sponsa modo dicitur
pulchra. xxxviii. 4.

Le correcteur a barré *astoit* et mis au-dessus *est or*; or traduit *modo*, et, à la place de l'imparfait *astoit*, on a le présent *est clamée*, qui correspond au mot *dicitur*.

Fól. 144 v°. Coment moi quides   Quomodo ... queris in mea
tu veoir en ma bealteit.   claritate videre. xxxviii. 5.

Le correcteur a barré *beal* et mis au-dessus *clar*, ce qui donne *clarteit*, traduction de *claritate*.

Fol. 150. ... se tu ne sentes,   ... si damna non sentias,
se il...   si... xl. 5.

Le correcteur a ajouté *les damages*, traduction de *damna*, oublié par le copiste.

Fol. 152. .... dont eles soient   ... quo congrue atque decen-
aornées covenablement, et se   ter ornatæ, et facilius ab audito-
tu dis...   ribus capiantur et delectabilius.
                             Quod si dixeris .. xli. 4.

Le correcteur a ajouté au bas de la page : *et oi oiour les entendent plus legierement et plus delitablement :* membre de phrase complètement passé par le copiste.

Fol. 160. ... d'une materiel   ... naturali quadam dulce-
dulzor.   dine. xliv. 4.

Dans *materiel*, le correcteur a gratté le premier trait de l'*m*, annulé le premier *e* qu'il a surmonté d'un *u*, et l'*i*; ce qui donne *naturel*, traduction de *naturalis*.

Nous ne multiplierons pas ces exemples : ceux que nous donnons suffisent pour montrer que notre texte roman a été revisé, par un contemporain, sur un texte latin : ce qui ne peut qu'en augmenter l'intérêt.

Ces corrections ont souvent pour but de rétablir l'intégrité de la pensée de saint Bernard ; mais aussi, parfois, elles visent simplement à la pureté du texte roman, nous dirions même à l'orthographe.

Ainsi, dans *volentes*, f° 5, *fois*, f° 86, le copiste annule l'*s* et le surcharge d'un *z* ; dans *alcant*, f° 6 v°, *a tot*, f° 27, il annule le *t* et le surcharge d'un *z* ; dans *desiers*, f° 78 v°, il annule d'un point l's final ; dans *targe*, il barre le *g* et le surcharge d'un *i* pour *j*. Dans *convoitous de vaines glore, se tu biens as*, f° 78, il annule l's de *vaines* et de *biens*. Ailleurs, il change *lur* en *lor*, f. 65 v° ; ailleurs, il supprime un article et annule *la* dans *l'oile de la mansuetudene*, f° 161, parce que les simples mots « d'huile de mansuétude » lui semblent mieux traduire : *oleum mansuetudinis* du texte latin.

On sent, dans toutes ces corrections, l'effort d'un puriste qui veut livrer au public un texte irréprochable, écrit d'après les principes de grammaire ou d'orthographe qui étaient alors admis.

Est-ce à dire que toutes les pages du texte aient été revues aussi soigneusement ? Nous n'oserions le prétendre. Quelques sermons ont été littéralement criblés de corrections, tandis que d'autres en sont restés vierges. On pourrait dire, il est vrai, que le copiste a écrit les premiers dans ses mauvais jours, quand il était le plus sujet aux distractions ; mais on pourrait également croire que le correcteur n'a pas étendu à tous les sermons la sévérité dont il a laissé des traces dans quelques-uns. Il est du moins certain qu'une faute assez importante a échappé à l'observation de ce dernier et à sa censure. Au f° 5 v°, il avait laissé subsister *œures des malz*, pour *œuvres des mains*, traduction d'*opera manuum* (Serm. II, fin). La correction n'a été faite que bien plus tard. Nous ne lui dirons pas de se pendre, ce serait trop tard et immoral ; mais, cependant, on a corrigé sans lui.

Il est bon de faire observer que ces corrections à l'encre rouge ne portent que sur les œuvres qui sont incontestablement de saint Bernard et dont on a, par ailleurs, le texte latin. En dehors de ces œuvres, sermons ou traités, notre manuscrit comprend quatre pièces qui ne figurent ni parmi les œuvres authentiques du saint abbé, ni parmi celles qui lui ont été attribuées et qui sont publiées à la suite des premières. Nous en conclurons d'abord qu'il ne faut pas les lui attribuer ; puis que, probablement, nous sommes en présence d'œuvres composées en langue romane, ou dont le texte latin, s'il a jamais existé, était, dès le XII° siècle, inconnu du correcteur qui a revu notre manuscrit. Une de ces pièces est, d'ailleurs, attribuée positivement à un maistre A... Quant aux trois autres, il est à croire que, si le correcteur en avait connu un texte latin, il l'aurait utilisé pour des corrections, comme il l'a fait pour la plus grande partie du manuscrit.

Bien que les trois manuscrits, connus jusqu'ici, des sermons de saint Bernard en roman, se fassent suite l'un à l'autre, il n'en faudrait pas conclure qu'ils ont été composés sous la même direction, écrits dans une même abbaye. S'il se trouve qu'ils se suivent tous les trois, les amateurs de roman ne peuvent que s'en féliciter ; mais ce n'est là que l'effet d'un heureux hasard. Ce ne sont pas trois volumes sortis d'une même bibliothèque et qui, comme les oiseaux sortis d'un même nid, ne s'y retrouvent plus.

Nous ferons d'abord remarquer que les trois derniers sermons du premier manuscrit se retrouvent répétés au commencement du deuxième : ce double emploi aurait probablement été évité, si le second volume avait été écrit dans la même communauté que le premier.

Il y a, d'ailleurs, entre ces divers manuscrits, de grandes différences dans le format, dans la disposition d'écriture, dans les caractères. L'un est in-8°, l'autre in-4° ; les deux premiers sont à longues lignes, l'autre à deux colonnes.

Non seulement les caractères de l'écriture indiquent, du moins entre les deux premiers et le nôtre, une différence de main, — ce que l'on pourrait encore expliquer dans l'hypothèse d'une unité de direction dans une même abbaye, — mais le vocabulaire de chacun prouve qu'il n'a pas été écrit pour la même région. Dans le manuscrit des Feuillants et dans celui de Berlin, le mot *anima* est devenu *airme;* dans le nôtre, *anrme;* la première personne du pronom singulier est *ju;* dans le nôtre, *ie* ou *ge.* Une étude comparative des trois textes établirait encore mieux qu'ils n'appartiennent pas au même roman.

Il nous paraît plus probable d'admettre que la réputation de saint Bernard, l'autorité qui s'attachait, surtout dans les abbayes cisterciennes, à tout ce qui était sorti de sa plume, avait suscité, dans plusieurs endroits en même temps, l'idée de mettre à la portée de tous, dans la langue vulgaire, assez formée désormais pour les exprimer avec bonheur, des pensées qui aidaient si puissamment au développement du sentiment religieux. C'est ainsi que chacun de nos trois manuscrits romans semble un volume dépareillé d'une série de versions romanes des sermons de saint Bernard, entreprises l'une indépendamment de l'autre, sur différents points de notre pays. Par un honneur qu'il partageait avec la Bible, mais qui, alors, était loin d'être prodigué à tous les auteurs, saint Bernard a commencé à être traduit en langue vulgaire au siècle même où il vivait.

Il dut donc y avoir, dès le XIIe siècle, plusieurs manuscrits des œuvres de saint Bernard en roman. Si les autres exemplaires en ont péri, cela peut tenir à leur caractère de version. On avait le texte latin, le texte authentique, le texte *ne varietur*. Au milieu des modifications que subissait la langue romane, dans le développement de son adolescence, la version du XIIe siècle n'était plus comprise au XIIIe, ni surtout dans les siècles suivants. Le latin conservait la pensée du grand docteur dans un texte toujours intelligible. Il n'en était donc pas de ses sermons en langue vulgaire comme des œuvres composées exclusivement en roman. Ce texte étant le seul dépositaire de la pensée de l'auteur, les manuscrits qui le conservaient avaient, dans l'esprit du temps, plus de raisons d'être conservés que ceux qui ne renfermaient qu'une traduction, de moins en moins comprise, d'un texte que de doctes clercs, férus de latin, étaient désormais seuls à lire et à citer.

Du reste, aucune donnée précise ne permet jusqu'ici de supposer que nos trois manuscrits romans se soient jamais rencontrés sur le même rayon d'une bibliothèque. On sait, au contraire, que, dès le XVIIe siècle, ils étaient conservés dans trois endroits différents. L'un, celui de Berlin, appartenait à un amateur qui le prêtait, en 1626, à Peiresc ; l'autre, celui des Feuillants, était consulté dans leur monastère par D. Mabillon ; le troisième, le nôtre, se cachait dans la retraite d'où il n'est peut-être sorti qu'à l'époque de la Révolution.

Notre manuscrit a été acquis 2.450 francs, par M. Giraud de Savine, pour le compte de M. Dobrée, à la vente de la bibliothèque du marquis de Coislin, livrée aux enchères, du 29 novembre au 4 décembre 1847. Il figure ainsi sous le n° 588 du catalogue de cette vente (1) :

« Petit in-4°, rel. en velours cramoisi, portant un titre en lettres gothiques onciales, brodé en or sur la longueur du dos du volume ; ce volume est fermé par deux larges agrafes en vermeil, exécutées par Odiot, sur les dessins de Lafitte, et enrichies d'un grand nombre de pierres fines (2). Il est placé dans un coffre en bois ayant la forme d'un volume recouvert de maroquin rouge avec dorures. »

Cet article est complété, dans le catalogue, par la note suivante, extraite du *Catalogue des Livres de M. L. B.* (Bourdillon). Paris, Merlin, 1830 :

« Ms. sur vélin, en langue romane du XIIe siècle, contenant 232 feuillets écrits en lettres de forme sur deux colonnes, à 30 lignes par colonne. Il est orné de lettres initiales en couleur et de deux grandes lettres historiées, la première représentant l'auteur devant son livre, une plume dans la main droite, un couteau dans la gauche.

Selon toute apparence, ce Ms. est celui de Clairvaut, cité dans l'*Histoire littéraire de la France* (tome VII, avertis. p. 44).

La dernière pièce de ce volume (le sermon sur sainte Agnès) paraît devoir être attribuée à Abailard. On peut, du moins, le supposer d'après ces mots, qu'on trouve dans le commencement de ce sermon : « Cest sermon ki ci comance fist maistre A. » Si cette conjecture est fondée, ce Ms. aurait encore un bien plus grand prix, puisque alors cette pièce serait la seule connue d'Abailard en langue vulgaire. »

M. de Coislin avait acquis le manuscrit de saint Bernard, de gré à gré, d'un amateur genevois, Jean-Louis Bourdillon. Le

____

(1) *Catalogue des Livres rares et précieux Manuscrits et Imprimés composant la Bibliothèque de M. le marquis de C.* — Paris, L. Potier, 1847, p. 105.

(2) Il en manque trois au fermoir d'en bas.

manuscrit figurait au catalogue de vente dressé par Bourdillon, dès 1830, et dont la note précédente a été extraite. Mais, au dernier moment, il s'était ravisé, et la vente de sa bibliothèque avait été contremandée.

Nous ignorons à quelle date M. de Coislin fit cette acquisition. « Elle est discrètement indiquée, fait remarquer M. L. Delisle dans l'avertissement mis en tête du catalogue de la vente que Bourdillon fit faire à Paris en 1847. La plupart des manuscrits (de la collection Bourdillon) ont été vendus à l'amiable : un de nos bibliophiles les plus ardents a été assez bien avisé pour s'en rendre acquéreur. »

La vente de la Bibliothèque de Coislin ayant eu lieu cette même année 1847, la note du dernier catalogue Bourdillon ne nous apprend que bien peu de chose sur le sort de notre volume; nous ne savons que la date à laquelle il est sorti de cette dernière, et non celle à laquelle il y était entré.

Bourdillon avait peut-être acquis son précieux volume en 1824. M. L. Delisle, qui, de Paris, ne l'oublie pas, nous faisait dernièrement transmettre la note suivante : « Il a été compris dans une vente faite à Paris le 29 mars 1824 et jours suivants, par le libraire Merlin. Il est annoncé sommairement, mais de façon à ce que l'identité soit absolument établie, à la page 507, et sous le n° 3526 du catalogue de vente intitulé : *Catalogue des livres imprimés et manuscrits* composant la bibliothèque de M. B. D. G. (Buscher, de Gand). »

Avant cette époque, nous ne connaissons que deux étapes de notre volume, grâce à deux notes inscrites à la première page.

La première est ainsi conçue : « J'ai acquis ce manuscrit par échange, le 15 juillet 1808. Il en est fait mention dans l'*Histoire littéraire de la France*, t. XIII, p. 193. Il est unique et très précieux. » Signé : B. de Rochefort.

La seconde porte simplement : « A la bibliothèque du Duc, le 10 janvier 1811. » Signé : Lamouvelle (?)

Nous n'avons pas les éléments pour rechercher quel était ce duc qui semble avoir eu pour bibliothécaire : Lamouvelle. Cette note nous paraît authentique et cependant nous voyons une difficulté à ce que, en 1811, un autre que Roquefort ait possédé le manuscrit. La première note, signée de l'auteur du

Glossaire de la Langue romane dit expressément qu'il « en est fait mention dans l'*Histoire littéraire de la France*, t. XIII, p. 193 ». Or ce tome XIII n'a paru qu'en 1814. Ce n'est donc qu'après cette date que Roquefort a pu faire ce renvoi ; par conséquent, il est à croire qu'à ce moment il continuait encore de le posséder. Par suite, que penser de la note qui attribue à un duc, en 1811, la possession de notre volume ? Nous avouons ne pouvoir répondre à cette question.

Toutes ces indications ne concernent, malheureusement, que le XIXe siècle. Il en a passé la première partie à traverser de nombreuses bibliothèques d'amateurs, vagabondant dans le monde, de Paris à Gand, de Gand à Genève, de Genève à Paris, avant de parvenir à retrouver, dans un dépôt public, la tranquillité et la sûreté qu'il dut perdre probablement à l'époque de la Révolution.

Mais dans quelle bibliothèque a-t-il passé la plus longue partie de son existence ? Quel a été son sort depuis le XIIe siècle jusqu'au XIXe ? Quelles mains de moines et d'amateurs de vieux langage ont laissé leurs traces sur son vélin sali ? Autant de questions que nous ne pouvons résoudre. Si les livres ont leur destin, ils ont aussi leurs secrets.

Il est cependant deux marques qui pourront encore révéler à de plus habiles ou à de plus heureux d'autres étapes de son histoire. On a essayé de les effacer, sans réussir complètement. Elles se trouvent au haut du f° 3. La plus récente consiste en une croix de saint André précédant *E 46 ;* elle est en encre noire. La croix de saint André a été placée sur une autre marque en encre verte et que nous croyons pouvoir lire : *G 100.* Ces indications semblent correspondre à un classement dans une ancienne bibliothèque. Nous souhaitons qu'elles aident à la découvrir.

Roquefort dut connaître notre manuscrit trop tard pour l'utiliser dans son *Glossaire de la Langue romane.* Il y cite largement un manuscrit des sermons de saint Bernard, mais c'est celui des Feuillants (1). S'il eût connu le nôtre, il est à

---

(1) « Parmi ces citations ou ces exemples, on en trouvera beaucoup que j'ai tirés de S. Bernard, Mss. des Feuillants » : *op. cit.* Préf. IX.

croire qu'il l'aurait également exploité, ou du moins qu'il y aurait fait quelque allusion. Mais il ne l'eut, d'après sa note, qu'en juillet 1808, et c'est en 1808 que parut son ouvrage. A l'époque de son acquisition, son travail était terminé, et le manuscrit du musée Dobrée manqua sa première présentation au public sous les auspices d'un homme qui en aurait certainement signalé le grand intérêt (1).

Le public des lettrés fut cependant dès lors averti de son existence. La note manuscrite de Roquefort renvoie au t. XIII de l'*Histoire littéraire de la France*, p. 193. Consultons ce volume, publié en 1814 par Daunou. Voici ce que nous y lisons :

« M. Roquefort, qui recherche avec tant de soin et avec sagacité les plus vieux monuments de notre langue, possède un manuscrit où se lisent en français les quarante-quatre premiers sermons sur le Cantique des Cantiques, et les homélies sur l'Evangile : *Missus est angelus*. Mais, outre qu'à beaucoup d'égards ce manuscrit nous semblerait encore un peu moins ancien que celui des Feuillants, nous remarquons que le quarante-quatrième sermon sur le Cantique y est immédiatement suivi de « l'Epistle labée Bernart de Clerevals à un eveske cardinal *De Diligendo Deo* ». Or ce traité adressé à Aimeric . . . . ayant été sans contredit composé en latin, et n'étant ici que traduit, nous croyons avoir le droit d'en dire autant des sermons auxquels il se trouve joint dans ce même volume. Deux autres pièces qui suivent ce Traité peuvent offrir quelques difficultés : l'une est une instruction sur le psaume

Voir aussi dans le cours de l'ouvrage, pp. 1, 2, 9, 13, etc. Littré fait aussi de fréquents emprunts aux sermons romans de S. Bernard : il les cite d'après le choix qui en a été publié, en 1841, par Leroux de Lincy, à la suite de son édition des « Quatre livres des Rois ». *Dict. de la langue franç.* T. IV, p. 2622.

Avant l'édition de Leroux de Lincy, un extrait d'un de ces sermons romans, celui de l'Epiphanie, avait été publié par P. F. Tissot. *Leçons et modèles de littérature française*, Paris, 1835. In-4°, t. I, p. 20.

(1) En 1820, Roquefort publia un supplément à son *Glossaire de la langue romane*. N'ayant pu nous le procurer, nous ignorons si l'auteur y fait allusion à notre manuscrit.

Laudate Dominum in sanctis ejus, l'autre un sermon sur sainte Agnès. Pour soutenir que la première est originale, qu'elle est naturellement française, on pourrait alléguer les textes latins qu'elle traduit, après les avoir cités, par exemple : « Li titles de ceste saume c'est en latin *laudate universalem*, et en romanz : loez celui ki tot comprent ». Mais, sans discuter la conséquence qu'on prétendrait tirer de ce passage et de ceux qui lui ressemblent, nous dirons seulement que ces deux sermons ne sont point du nombre des productions authentiques de saint Bernard, que même le manuscrit ne les lui attribue pas. Tout au contraire, l'auteur du discours sur sainte Agnès est indiqué par l'initiale A dans l'annonce que nous allons transcrire... »

Ce passage est important pour la reconstitution de l'état civil de notre manuscrit. C'est, du moins à notre connaissance, la première fois qu'il est désigné en termes qui ne prêtent matière à aucune confusion.

Notons cependant que Bourdillon a cru que notre manuscrit provenait de l'abbaye de Clairvaux. « Selon toute apparence, dit-il, comme nous le rappelons plus haut, ce Ms. est celui de Clairvaux, cité dans *l'Histoire littéraire de la France*, t. VII, avertiss. p. 44. » Le passage auquel renvoie Bourdillon est ainsi conçu : « S. Bernard emploïoit le roman quelquefois dans ses instructions au peuple, comme en font foi quelques-uns de ses sermons en la même langue, que l'on conserve manuscrits à Clairvaux. »

Au témoignage des Bénédictins, auteurs de cet ouvrage, il y aurait donc eu à Clairvaux un manuscrit des sermons de saint Bernard en langue romane. Ils donnent pour référence de ce qu'ils avancent : *Boll. 6 jun. p. 827, no 24*. Mais c'est une erreur d'indication. La page 827 de ce t. VI a trait à saint Norbert : elle justifie non pas la phrase que nous citons, mais celle qui la suit. Nous n'avons donc, en faveur de l'existence à Clairvaux de manuscrits romans de saint Bernard, que le témoignage précis de ces savants auteurs. Malheureusement, selon la constatation de M. L. Delisle « le Catalogue de la bibliothèque de Clairvaux, dressé en 1472 (Ms. français 22364 de la Bibl. nat.) ne mentionne aucun manuscrit des œuvres de saint Bernard en français. »

Reste à savoir si l'auteur du catalogue de 1472 a attaché assez d'importance à des manuscrits qui ne renfermaient qu'une version des œuvres de saint Bernard, pour les faire figurer dans un inventaire, ou s'ils n'ont pas été postérieurement trouvés ou portés à Clairvaux. Bien que sans indication de provenance, le témoignage des Bénédictins nous semble assez sérieux pour être retenu et expliqué.

En signalant l'existence de notre volume, Daunou se demandait s'il renfermait un texte original ou simplement une traduction. C'est la question que se sont posée tous ceux qui se sont trouvés en face d'un manuscrit roman de saint Bernard ; et, comme bien des questions, elle a été tranchée dans un sens ou dans un autre avec de graves autorités. « D. Mabillon, disent les auteurs de l'*Histoire littéraire de la France*, apporte de fortes raisons pour montrer que c'était en cette langue (la langue romane) que saint Bernard faisait ses exhortations à ses frères de Clairvaux, en faveur des frères laïcs ou convers qui n'entendaient pas le latin. Ce qui ne permet guère d'en douter est le recueil de ces exhortations écrites en la même langue du temps même de l'auteur, recueil que l'on conserve à la bibliothèque des Feuillants de Paris, et dont on lit le commencement imprimé à la fin de la préface du même D. Mabillon, sur les sermons de saint Bernard (1). »

Tout autre est le sentiment de D. Ceillier (2). Parlant de ce même manuscrit des Feuillants : « On ne laisse pas, dit-il, d'être persuadé que ce manuscrit est postérieur à saint Bernard, et que les sermons qu'il renferme ne sont qu'une traduction. On le prouve par l'inscription même du manuscrit, qui

______

(1) *Hist. littér. de la France*, t. IX, p. 148, édit. Palmé. Le commencement du Ms. des Feuillants se trouve dans Migne, Patrol. t. CLXXXIII, p. 34, à la suite de la préface de D. Mabillon. Il a été publié d'abord par ce dernier dans son édition des œuvres de saint Bernard, Paris, 1690, t. I, p. 716.

(2) D. R. Ceillier, *Hist. gén. des auteurs sacrés et ecclésiastiques*, t. XIV, p. 484.

est en ces termes : *Ci commence li sermon saint Bernart...* Ceux qui, de son temps, recueillaient ses sermons, l'appelaient-ils saint à la tête de leurs collections ?... Mais ce qui montre que saint Bernard prêchait en latin à ses religieux de chœur et que les copistes nous les ont transmis en la même langue qu'ils les avaient ouïs... c'est enfin le témoignage même de saint Bernard, qui, parlant de ses discours sur le Cantique des cantiques, dit qu'ils ont été écrits, ainsi que tous ses autres sermons, dans le même style ou la même langue qu'ils avaient été prononcés. »

Cette dernière opinion est plus conforme que la précédente à celle de D. Mabillon ; et D. Ceillier ne fait guère que reproduire les raisons sur lesquelles il l'appuie. L'illustre savant fait, en effet, remarquer que saint Bernard a prêché quelquefois en roman. Il s'est servi de cette langue dans ses sermons adressés aux frères laïcs qui ignoraient le latin, dans d'autres prêchés en Allemagne, dans d'autres prêchés aux foules. Quant à ses sermons prêchés aux religieux de chœur, c'est en latin qu'il les prononçait.

Ces faits sont incontestables : la question est de savoir si les sermons recueillis dans les trois manuscrits romans ont été faits pour les religieux de chœur ou pour des frères qui ignoraient le latin. Les raisons données par D. Mabillon et répétées par D. Ceillier, ne permettent guère de douter que cette catégorie de sermons a été composée plus spécialement pour les religieux de chœur ; et que, par conséquent, ils ont été prononcés en latin.

Quant au manuscrit des Feuillants, ce serait à tort qu'on en placerait la date du vivant de saint Bernard. La raison donnée par D. Mabillon conserve toute sa valeur : un recueil des sermons de saint Bernard ne lui aurait pas alors donné le titre de saint. Nos recueils romans sont donc postérieurs à saint Bernard : par suite, on ne peut pas s'appuyer sur eux pour prouver que le roman a été la langue en laquelle il est certain qu'ils ont été écrits soit par saint Bernard, soit par les soins de ses religieux, aussitôt qu'ils étaient prononcés.

Nous reconnaissons cependant que la dernière raison alléguée par D. Ceillier, d'après D. Mabillon, ne nous semble pas être bien convaincante. En s'appuyant sur « le témoignage même de saint Bernard », l'auteur renvoie au sermon LIV sur le Cantique des cantiques, n° 1.

Or, voici ce passage : *scripta sunt ut dicta sunt, et excepta stilo sicut et sermones cæteri*. La traduction qu'en a donnée D. Ceillier nous semble discutable. Dans la pensée de saint Bernard, cette phrase pourrait bien signifier que « ces sermons sur le Cantique des cantiques ont été écrits comme ils ont été prononcés, et recueillis par le stilet comme les autres sermons. » Cette interprétation nous semble même plus conforme au contexte. Saint Bernard renvoie ses auditeurs à son sermon de la veille. Pour cela, il n'avait besoin que de leur rappeler qu'ils étaient déjà écrits, sans dire si c'était en roman ou en latin.

Quoi qu'il en soit des deux autres manuscrits romans de ces sermons, le nôtre nous semble bien renfermer non pas un texte original, mais une traduction. Quelques-unes des corrections dont nous parlons plus haut ont tout le caractère d'une correction de version. En voici une autre où ce caractère est encore plus frappant. L'auteur du texte roman avait mis : « Vraiement il prist la *forme* de la char », fº 63. Or, le texte latin porte : « *Carnis quidem assumit* VERITATEM. » Serm. xx, nº 3. Le correcteur a annulé le mot *forme*, et placé au-dessus le mot *veritet*. Evidemment, il ne trouvait pas que le mot roman traduisît exactement le mot latin.

D'ailleurs, si l'on examine le contenu de notre manuscrit, on voit que le caractère des pièces qu'il renferme les range parmi celles que saint Bernard a écrites en latin. Dans le passage que nous citons plus haut, Daunou a déjà fait remarquer que le traité adressé à un évêque-cardinal *De diligendo Deo* a été « sans contredit composé en latin. »

On peut en dire autant des homélies sur l'évangile *Missus est Angelus*, sorte de traité que saint Bernard nous dit lui-même avoir « écrit », dès le premier mot de la préface : *scribere me aliquid et devotio jubet...*

Enfin, les sermons sur le Cantique des Cantiques qui forment la partie la plus considérable de notre recueil, ont été composés pour un auditoire d'élite, dont les religieux convers étaient exclus. « Saint Bernard, dit D. Mabillon dans sa préface

sur cet ouvrage, prêchait ses sermons sur le Cantique des
Cantiques dans l'auditoire des frères et en présence des novices,
comme on le voit dans le sermon LXIII°, n° 6 ; mais les religieux convers n'assistaient point à ces réunions. Il donne
souvent à entendre que ses auditeurs sont instruits dans l'Ecriture Sainte, et même, dans ses sermons XV° n° 2 ; XVI° n° 1,
et XXXIX° n° 2, il dit que ses auditeurs devancent, par la
pensée, ce qu'il se propose de leur dire. » Du moment que les
frères convers n'assistaient pas à ces réunions, on ne voit pas
pourquoi saint Bernard aurait prononcé en langue vulgaire ses
sermons sur le Cantique des Cantiques. L'emploi de cette
langue faisait perdre à l'orateur un de ses plus grands charmes :
celui qui résulte de ses emprunts fréquents à l'Ecriture Sainte,
dont il enchâsse les paroles dans son texte de façon à éveiller
de belles pensées dans l'esprit de ses auditeurs, en même temps
qu'il procure à leur mémoire le plaisir d'un souvenir.

Notre recueil nous donne donc la première traduction en
langue vulgaire des œuvres de saint Bernard. Sa publication
gagnerait beaucoup à ce que l'on donnât en même temps et le
texte latin et le texte roman, comme on peut en juger par
l'exemple que nous plaçons sous les yeux du lecteur.

Ce travail a déjà été commencé dans l'étude de M. L. Delisle, qui a mis en regard du texte français le texte latin, tiré
de l'édition de saint Bernard donnée en dernier lieu par
Migne, d'après les Bénédictins.

Nous avons déjà dit que le texte français publié par le
Journal des Savants, renferme quelques inexactitudes dues à
la copie qui lui avait été envoyée. Parmi ces erreurs de lecture,
nous signalerons particulièrement les suivantes : *livre d'espé-
rance* pour *livre d'esprovance : libro experientiæ*, f° 8 v° ; *s'acourdet*
pour *s'aioindet : cohereat*, f° 15 ; *et ce à qui persone jouigerons
nos*, au lieu de *à cui persone lo iugerons nos*, f° 83 ; *geites* pour
geises, f° 117.

L'*n* a été parfois prise pour un *u*. Le manuscrit porte
constamment *anrme* au lieu de *aurme, anima*, et *constumes* au
lieu de *coustumes*, f° 1. Il a *ie vos convoitieue* au lieu de *ie vos
convoitiene*, f° 8, forme qui, dans la conjugaison des verbes,

constituerait une irrégularité. De même, il y a parfois confusion entre l'*h* et l'*l*. Le son mouillé de l'*l* est représenté par *lh* au lieu de *ll*. Ainsi le manuscrit écrit *orelhe, entrailhes*, fº 223, au lieu de *orelle, entrailles*, que porte l'imprimé.

Nous ne parlerons pas ici de mots mal coupés, comme *a oes* pour *aoes ; de le* au lieu de *dele*, article composé toujours écrit en un seul mot, et *pues cel estre* pour *puescelestre*, expression qui se retrouve ailleurs et qui signifie : *peut-être, forsitan*. Ces erreurs peuvent sembler à d'aucuns peu de chose : leur rectification est cependant de la plus grande importance quand il s'agit de fixer un texte qui doit fournir une matière irréprochable aux érudits qui voudront la travailler.

Nous devrions peut-être pousser notre fidélité pour la reproduction du texte jusqu'à laisser les *u* qui s'y trouvent à la place du *v*, mais la substitution de cette dernière lettre à la première donne par elle-même assez souvent tant de clarté au texte, sans nuire grandement à sa pureté, que nous avons cru pouvoir ici nous la permettre.

Nous laisserons même les *j* à la place des *i*, quand ils sont dans le corps des mots, accompagnés d'une consonne, comme *tarjanz* au lieu de *tarianz, serjant* au lieu de *seriant :* adopter, sur ce point, la graphie du manuscrit serait trop défigurer ces mots, du moins pour l'oreille ; tandis que remplacer l'*i* par le *j* c'est leur conserver une consonnance qui les rapproche du mot actuel, et les rend plus intelligibles pour l'oreille, sinon pour la vue. Toutefois, nous maintiendrons l'*i* dans le cas où son maintien n'accroît nullement la difficulté de lecture du texte, par exemple au commencement des mots comme *ie, ia*, pour *je, ja*, etc.

Relativement aux accents qui surmontent les lettres *a* et *u*, nous les indiquons quand nous les trouvons dans le manuscrit. Le copiste les emploie le plus souvent avec la préposition *à ;* mais sa règle n'est pas générale : notre rôle est de réproduire son texte et non de le corriger.

Le texte latin est tiré de la *Patrologie* de Migne, tome CLXXXIII, excepté l'Epître à l'Evêque-Cardinal, qui se trouve dans le tome CLXXXII. Le chiffre qui suit le texte indique la colonne du volume d'où il est tiré.

Ici comencet li promiers sermons saint Bernart sor les cantikes.

A vos, sanior frere, doit om
altres choses ù certes altrement
dire ke az altres del secle. A
ceaz vraiement donet lait a boi-
vre nient mangier cil ki ense-
niant tient la forme del apostle.
Car icil meimes ensenget par
son exemple que l'on doit az
spirituez spiritueiz choses dire.
De vos avons nos fiance ke vos
teil estes, se vos ia de lonz
n'estes ensongiet en vain es
celestes esluides et travailhiet
de sens et pensel avez en la loi
Deu et ior et nuit. Giers apa-
reilhiez vos ioises nient aoes lait
mais aoes pain. Un pain at de-
vers Salomon, et cil est splen-
dianz et mult suverous ; del
livre di ge ki at nom Cantikes
des cantikes. Soit fors getez, se
il vos plaist, si soit brisiez.

Car des paroles Ecclesiastes,
se ie n'en sui deceuz, estes vos
assez estruit conoistre et despi-
tier la vaniteil de cest munde.
Et ke de Parables ? Ne sunt
donkes vostre vie et voz constumes asses amendeit et enfor-
meit solunc la doctrine ki en
eles est trovée ? Par tant, apres
ces dous essaiez pains, ke vos
aveiz enprontez fors del escrin

Vobis, fratres, alia quam aliis
de saeculo aut certe aliter di-
cenda sunt. Illis siquidem lac
potum dat et non escam qui
Apostoli formam tenet in do-
cendo. Nam spiritualibus soli-
diora apponenda esse itidem ipse
suo docet exemplo... (1) Quales
vos nimirum esse confido, nisi
frustra forte jam ex longo stu-
diis estis cœlestibus occupati,
exercitati sensibus, et in lege
Dei meditati die ac nocte. Itaque
parate fauces, non lacti sed
pani. Est panis apud Salomo-
nem isque admodum splendidus
sapidusque ; librum dico qui
Cantica canticorum inscribitur.
Proferatur, si placet, et fran-
gatur.

Nam de verbis Ecclesiastes
satis, ni fallor, per Dei gratiam, instructi estis mundi hujus
cognoscere et contemnere vani-
tatem. Quid et Parabolas ?
Annon vita et mores vestri
juxta eam quæ in ipsis inveni-
tur doctrinam sufficienter emen-
dati sunt et informati ? Proinde,
illis ambobus prælibatis, quos
nihilominus de amici area præs-

---

(1) Ici, le texte latin donne la citation de l'Apôtre : *Loquimini...
in doctis humanæ sapientiæ verbis...* ; elle a été passée dans le
texte roman.

de vostre ami, aprochiez a cest tiere pain, ke vos puescelestre essaiez meilhors choses.

Fol. 5 v°. II. Mult sovent rapensanz l'ardor des desciers des sainz peres ki desirolent la preseneie de Crist en char...

Fol. 8 v°. III. Nos leisons hui el livre d'esprovance : « Repairiez à vos mimes, et si esgard chas-cuns sa conscience... »

Fol. 10 v°. IIII. Li sermons d'ier enseniat un trepple esploit d'anrme desoz lo nom des trois baisuez...

Fol. 12. V. Quatre manieres sunt d'espirs, conues vos sunt, cil dele beste...

Fol. 15. VI. Portant ko li sivanz sermons s'aioindet à celui qui davant est diz...

Fol. 17 v°. VII. Ge suscit à moi travailh, ki de mon greit vos tarje al enquerre...

Fol. 20. VIII. Hui nos est pro-poseit, si cum vos tenez por la promesse de hier, desputeir...

Fol. 23. VIIII. Aprochons or al livre, et si donons as paroles del espouse raison...

Fol. 26 v°. X. Ne sui mie si de parfont sens ne de si agut engeinh...

titer accepistis, accedite et ad tertium hunc panem, ut pro-betis forsitan potiora.

Ardorem desiderii patrum suspirantium Christi in carne presentiam frequentissime co-gitans... 789.

Hodie legimus in libro expe-rientiæ : « Convertimini ad vos ipsos, et attendat unusquisque conscientiam suam .. ». 794.

Triplicem quemdam animæ profectum sub nomine trium osculorum sermo hesternus com-plexus est... 796.

Quatuor spirituum genera no-ta sunt vobis, pecoris... 798.

Ut præcedenti sequens sermo cohæreat... 803.

Ipse mihi laborem suscito, qui vos sponte provoco ad quæ-rendum... 806.

Hodie vobis, sicut hesterna promissione tenetis... dispu-tare propositum est... 810.

Accedamus jam ad librum, verbisque sponsæ rationem de-mus... 815.

Non sum ego profundi sensus neque adeo perspicacis ingenii... 819.

Fol. 59. XVIIII. Encor parolet l'espouse amerouses choses. Ancor persiewet ele les loenges del espous et si apelet sa grasce...

Adhuc sponsa amatoria loquitur, adhuc pergit amplius prosequi laudes sponsi, et gratiam provocat... 863.

Fol. 62 vᵒ XX. Par ke nos sermons ait comencement az paroles del maistre: « Escomeniez soit ki n'aimet lo sanior Jhesum... »

Ut a magistri verbis sermo exordium sumat : « Qui non amat Dominum Jesum, anathema sit... 867.

Fol. 66 vᵒ. XXI. Trai moi après toi. Nos currons en l'odor de tes ongemenz...

Trahe me post te. In odore unguentorum tuorum curremus... 872.

Fol. 71. XXII. Se li ongement del espouse sunt si loet et si precious com vos oiz, cant om les traitiuet...

Si ita pretiosa, ita magnifica sponsæ unguenta inventa sunt, quemadmodum cum tractarentur audistis... 878.

Fol. 75 vᵒ. XXIII. Li rois moi menat en ses celliers. Ellevos dont li odors, ellevos dont à l'on cuert...

Introduxit me rex in cellaria sua. Ecce unde odor, ecce quo curritur... 884.

Fol. 83. XXIIII. Li droit toi aiment. Et ce à cui persone lo iugerons nos miez covenir? Se ce est az iovenceles, sens dote ce dient eles a lur mere...

Recti diligunt te. Et hoc cu potissimum personæ congruere judicamus ? Si adolescentulis, matri sine dubio id loquuntur... 893. (1)

Fol. 86. XXV. Ellevos ce ke ge avoi dit el sermon, ke li espouse est destrense respondre az tarjanz enviouses ki sembleuent estre...

Ecce quod dixeram in sermone, quia æmulis laccessentibus sponsa respondere cogatur, quæ... esse videntur... 899.

(1) Ce sermon a été donné deux fois et avec deux exordes différents, par saint Bernard ; la première avant, la seconde après son voyage en Italie, en 1137. Le texte roman donne le premier exorde.

Fol. 89 v°. XXVI. Si com les loges Cedar, si com les pealz Salomon. Ci devons nos comencier...

Sicut tabernacula Cedar; sicut pelles Salomonis. Hinc incipiendum... 903.

Fol. 96 v°. XXVII. Cant nos avons, sanior frere, nostre amis, qui repairiez est en son pais, perseut par les services...

Quia debitis humanitatis officiis amicum revertentem in patriam prosecuti sumus, redeo, fratres... 912.

Fol. 102 v°. XXVIII. Vos tenez, si com ge cui, a quelz pealz et dequel Salomon ge sente estre semblanz faite la bealteit del espouse...

Tenetis, credo, cujus et quibus Salomonis pellibus decorem sponsæ sentiam comparatum... 921.

Fol. 108. XXVIIII. Li filh de ma mere soi combatirent encontre moi, Annas et Nicayphas...

Filii matris meæ pugnaverunt contra me, Annas et Caïphas... 928.

Fol. 112. XXX. Ilh moi misent garde es vinges. Liquel ? Cilh tien assailhor cui tu as prochainement ramenbret. Oiez...

Posuerunt me custodem in vineis. Qui ? Tuine illi oppugnatores, quos proxime memorasti ? Audite... 933.

Fol. 117. XXXI. Ensenge moi cilh cui mi anrme desiret, ù tu paisces, ù tu geises en meidi.

Indica mihi quem diligit anima mea, ubi pascas, ubi cubes in meridie... 940.

Fol. 121 v°. XXXII. Ensenge moi ù tu paisces, ù tu geces en meidi...

Indica mihi ubi pascas, ubi cubes in meridie... 945.

Fol. 125. XXXIII. Ensenge moi cilh cui mi anrme desiret, ù tu paissces, ù tu geices en meidi...

Indica mihi quem diligit anima mea, ubi pascas, ubi cubes in meridie... 951.

Fol. 132. XXXIIII. Se tu ne toi conois, oi bele entre les femes, eis fors, et si va après les herdes de tes compangons...

Si ignoras te, o pulchra inter mulieres, egredere, et abi post greges sodalium tuorum.. 959.

Fol. 133. v°. XXXV. « Se tu ne toi conois, fait-il, eis fors. » Dure est et aspre responsions ce que il dist : « eis fors. » Cez paroles...

« Si te, inquit, ignoras, egredere. » Dura aspera increpatio quod dicit : « Egredere. » Hoc verbum... 962.

Fol. 137. XXXVI. Ellevos ie sui a ma promesse, et a vos deseirs, et at De par le service que ie li doi. Trepple raisons si com vos veez...

En ego meæ promissioni, en ego desideriis vestris, en ego etiam Deo pro debito famulatu. Triplici, ut videtis, ratione... 967.

Fol. 140. XXXVII. Ge cui ke il n'at mestier que nos somonons del voillhier...

Puto, non habemus nunc opus hortari ad vigilandum... 971.

Fol. 143. XXXVIII. Gieres queiz choses enfantet la ignorance de Deu? Car ci devons nos comencier...

Quid igitur Dei ignorantia parturit ? Nam hinc incipiendum est... 974.

Fol. 145. XXXVIIIJ. A ma chevalchie es charez Pharaon toi ai ie fait semblant, mi amie.

Equitatui meo in curribus Pharaonis assimilavi te, amica mea... 977.

Fol. 148. XXXX. Tes ioises sunt beles si com turturele. Tenres est li hontes del espouse...

Pulchræ sunt genæ tuæ, sicut turturis. Tenera est sponsæ verecundia... 981.

Fol. 150. XXXXI. Tes colz est alsi com nosches. Li colz suet estre aornez de nosches, ne mie semblanz a eles...

Collum tuum sicut monilla. Solet ornari collum monilibus, non ipsis comparari... 984.

Fol. 152. v°. XXXXI[I] Cant li rois astoit en son acutement (c'est chambre), si donat ma narde son odor (c'est une petite herbe)...

Cum esset rex in accubitu suo, nardus mea dedit odorem suum... 987.

Fol. 157. XXXXII[I]. Mes amis est à moi uns faiscelez de

Fasciculus myrrhæ dilectus meus mihi, inter ubera mea

myrre; si demorrat entre mes mamelles. Anzois rois or amis, anzois en la roial chambre... — commorabitur. Ante rex modo dilectus; ante in accubitu regio... 993.

Fol. 159. XXXXIII[1]. Crape de Cypre est mes amis à moi en vinges d'Engaddi... — Botrus Cypri dilectus meus mihi in vineis Engaddi... 995.

Fol. 162. L'epistle l'abei Bernart de Cleresvals a un eveske cardinal, de diligendo Deo. Al baron noble sanior diacone et cardinal et cancelier dele romaine glise, Bernars, ki abes est apelez de Cleresvas... — Viro illustri domino Haimerico, ecclesiæ Romanæ diacono cardinali et cancellario, Bernardus abbas dictus de Clara Valle... t. 182, p. 974.

Fol. 179 v°. Li sermons sor Laudate. Laudate Dominum in sanctis ejus. Ci titles de ceste saume est Alleluia, c'est en latin : Laudate universalem, et en romanz : Loez celui ki... — ... (fol. 197 v° :) a sa gloire. A la quelle glore nos doinst parvenir ki vit et regne avoc le Pere, li espous de la glise Ihesu Crist nos tres dols amis. Amis, amis, proiez por moi cant il fait bon.

Fol. 198. Ce est de la Magdelaine. Quant li deciple Ihesu Crist eurent recout le Saint Esperit, il so partirent doi et doi por aler preeschier la foi... — ... (fol. 201 :) d'arbres d'une part et d'autre, ke li arbre enclinerent le cors.

Fol. 201 De la loenge Nostre Dame (1). La devotions me commande ke ge alcune chose escrie, mais li occupations lo moi defent. Nekedent portant ke ge or ne puis sivre lo... — ... (fol. 223 :) Mais ie prie ke ta parole soit faite en mon ventre. Ge ne vuel mie qu'ele moi soit solement (sic) prechie, — De laudibus virginis matris. Scribere me aliquid et devotio jubet et prohibet occupatio. Verumtamen quia non valeo sectari... Mihi autem oro ut in utero fiat juxta verbum tuum. Nolo autem ut fiat mihi aut declamatorie prædicatum, aut figuraliter significatum, aut imaginatorie somniatum; sed silenter

(1) Au haut de la page a été tracé, en lettres rouges, ce titre : « *Sanctus Lucas* ». *C'est la devote meditations de saint Bernart.*

ù par figure signifio, ù par ymagene songie; mais taisanment espirée, personament encharnée et en mes entrailhes encorporée. Gieres la parole, ki n'avoit besoing qu'ele fuist faite en soi, denget estre en moi, denget estre faite à moi, solonc ta parole. Generalment a tot lo munde, mais a moi soit faite specialment solonc ta parole. — inspiratum, personaliter incarnatum, corporaliter inviscceratum. Verbum igitur, quod in se nec poterat fieri, nec indigebat, dignetur in me, dignetur et mihi fieri secundum verbum tuum. Fiat quidem generaliter omni mundo, sed specialiter fiat mihi secundum verbum tuum. (Migne 183, col. 55-86.)

Fol 223. Li sermons sor sainte Agnès (1). Nostre sires comenda a ses deciples ke il conkeilhisent le relie k'il ne porresist (2), por ce d'aukuns sermons ke ge ai oiz ai je conkeilhut aukuns moz; si les ai escriz en cest livre, por ce ke il ne fuissent oblié, et al comencement pri je toz celz ki le liront, ù ki l'escoteront, ke il prient specialment por moi et por toz mes amis, et si les pri ke, s'il i truevent chose qui face à enmiaudrer, k'il l'enmiaudrent, k'il ne pensent mie k'ele fuist issi dite, mais par aventure ensi fut entendue.

Cest semon (sic) ki ci comance fist maistres A. — De sainte Agnès. Queramus domino nostro regi adolescentulam virginem... Nos trovons el tierz livre des Rois tot al comencement, kant David fut viez k'il refroida si ke om nel pooit rechaufer; si disent li serjant le roi cez paroles ke nos vos avons avant mises : Querons a... — ... (fol. 229:) ele priet a son ami ke il nos doinst ensi rechaufer a son exemple par amur et par desier ke nos poissiens avoec li parvenir in vitam eternam. Amen.

Fol. 229. Dele meditation. Or dunkes, anrme cristiene, si com tu les meditations de dolor comenchas a vespres, ilekes comences de consolation, keles consolations Ihesu Crist enleccent t'anrme 3). Pense l'encontrement plaine de misericorde del piu Ihesu as disciples alanz a hore de vespres en Emaus. Quar iasoit ce que om liset qu'ilh les cosat del targement de creance... (4) — ...(fol. 233) se à acune anrme

(1) Ce titre est au bas de la première colonne. Le petit avertissement qui suit occupe les seize premières lignes de la seconde colonne.

(2) Allusion au texte évangélique: *Colligite fragmenta, ne pereant.*

(3) « *Consolationes tuæ lætificaverunt animam meam.* » Ps. 93.

(4) « *O... tardi... ad credendum !* » S. Luc, XXIV, 25.

bieneurouse est otroiet de nostre sanior penser plus docement u plus
ioiosement, ie n'en ai point d'envie. Or prie ie par cariteit toz ceaz et
totes celes ki liront u ki escoteront ces paroles qu'ilh prient por celui
ki l'escrit et por toz ses amis specialment.

Comme on le voit, notre recueil contient seulement quarante-quatre sermons du Cantique des Cantiques. Cet ouvrage
en comprenant quatre-vingt-six, on peut se demander pourquoi
le copiste s'est arrêté à la moitié de son travail. Le volume
qu'il avait à sa disposition ne renfermait-il que ce nombre de
sermons ? Correspondait-il à une coupure du traité de saint
Bernard, à un des arrêts qu'il fit dans l'exposition de ses
commentaires sur le livre sacré ? Par contre, tout en laissant
inachevée cette œuvre célèbre de l'abbé de Clairvaux, l'auteur
du recueil a traduit deux autres de ses traités, l'un sur
l'Amour de Dieu : *De diligendo Deo*, l'autre sur les Louanges
de la Sainte Vierge : *De laudibus Virginis Matris*.

Ces deux ouvrages, ainsi rapprochés dans notre volume, le
sont aussi dans une phrase de Geofroy, le biographe de saint
Bernard : « Si l'on veut connaître, dit-il, jusqu'où allaient les
sentiments de dévotion de sa pieuse âme, il faut passer à ses
homélies sur les Louanges de la Vierge et à son livre sur
l'Amour de Dieu (1) ». Dans ce double rapprochement, n'y
aurait-il qu'une rencontre fortuite ? L'auteur de notre recueil
n'aurait-il pas, plutôt, choisi, parmi les œuvres de saint Bernard, celles qui passaient, dès lors, pour entretenir les sentiments de la plus vive piété ?

Outre les œuvres de saint Bernard, notre recueil roman
contient aussi quatre pièces qui ne sont pas de lui. Pour une,
la chose est certaine, puisque le copiste l'attribue lui-même à
un *maistre A.*, dont malheureusement il néglige de donner le
nom en entier.

Bourdillon a fini le nom de ce maître A. Il y a vu Abailard.

______

(1) « *Si quæritur piæ mentis religiosa devotio, transeundum
ad homilias in Laudibus Virginis Matris, et illum quem De diligendo
Deo, edidit librum.* » Vie de saint Bernard, par Geofroy, f° III, c. 8 :
Migne, *Patr.*, t. CLXXXV, p. 320.

« La dernière pièce de ce volume, dit-il, *paraît devoir être attribuée à Abailard*. On peut du moins le supposer d'après ces mots, qu'on trouve dans le commencement de ce sermon : « Cest sermon ki ci comance fist maistre A. » Si cette conjecture est fondée, ce Ms. aurait encore un bien plus grand prix, puisqu'alors cette pièce serait la seule connue d'Abailard en langue vulgaire. »

C'est une conjecture bien téméraire. La lettre A commence tant de noms qu'on ne voit pas pourquoi, en l'absence de toute autre indication, elle évoquerait plutôt le souvenir d'Abailard que celui d'un autre auteur du XIIe siècle.

Nous pouvons dire, au contraire, qu'Abailard est un de ceux auxquels on a la meilleure raison de ne pas attribuer ce sermon. Si Bourdillon, au lieu de s'arrêter au titre, avait poussé plus loin sa lecture, il y aurait trouvé ce passage : « De cest sanc, dist sainz Bernard, sor cest mot : *Dilectus meus candidus et rubicundus*, je ai grant honte, dist-il, de ce ke Iesu Crist espandi son sanc por moi, ke ie n'espan ausi le mien por lui », f° 227.

Or, Abailard est mort avant saint Bernard : il n'a donc pas pu donner à son ardent antagoniste le titre de saint.

Une autre pièce est trop indigne du grand docteur pour que nous songions un seul instant à la lui attribuer : c'est le sermon « de la Magdelaine ».

Ce sermon n'est autre chose qu'un récit fabuleux de miracles attribués à la Magdelaine. L'auteur y rapporte l'histoire du roi d'Aquilée, sa conversion, son pèlerinage en Terre-Sainte et les choses extraordinaires qui l'accompagnent. On retrouve ce récit plus tard, bien qu'avec des variantes, au XIIIe siècle, dans Jacques de Voragine (1) ; mais notre manuscrit est le premier à le donner. Avec ces miracles, l'auteur en raconte d'autres, notamment celui de l'élévation de la Magdeleine par les anges et les circonstances miraculeuses de la mort et de la translation de son corps à « Vergelai ».

____

(1) Jacques de Voragine : *Légende dorée, Sainte Marie Madeleine.* Cf. *Monuments inédits sur l'Apostolat de sainte Marie Madeleine, en Provence,* par M. Faillon, t. II, p. 197. Paris. Migne, 1848 : *Conversion du roi et de la reine de Marseille.*

Un passage de ce sermon nous fait soupçonner l'auteur d'avoir été un peu du midi. D'après lui, quand Magdeleine, après dix-sept ans, vit pour la dernière fois saint Maximien, qu'elle avait prié de venir dans une chapelle, ils pleurèrent tant, tous les deux, « que le pavé de la chapelle n'en fut pas seulement arrosé, mais si complètement mouillé *k'en mains lius flotoit li aiue desore le pavement.* » L'hyperbole est un peu forte, du moins pour les gens du Nord. Pour un Marseillais, elle est peut-être encore timide ; au lieu de se contenter de dire que l'eau de ces larmes coulait à flots sur le pavé, il eût mis, sans doute, qu'elle éleva le niveau de la Méditerranée. En tout cas, l'exagération n'est pas du cru de Bourgogne ; elle a un goût de terroir du pays hyperbolique où fleurit autre chose que l'oranger.

Nous aurions moins de raisons de ne pas attribuer à saint Bernard les deux autres pièces. Mais nous n'en voyons, non plus, aucune de les lui attribuer. Elles ne figurent ni dans ses œuvres authentiques, ni dans les autres, émanées d'auteurs différents, et qui sont publiées à la suite des premières, par tous ses éditeurs. On y trouve, il est vrai, comme dans les écrits de saint Bernard, des allusions à l'Ecriture sainte, des mots du texte sacré fondus dans le contexte du discours ; mais ce genre, dans lequel il resta le maître, suscita à saint Bernard des imitateurs parfois si parfaits qu'on lui a même attribué leurs œuvres.

L'absence de corrections dans ces différentes pièces nous a déjà fait insinuer que nous nous trouvons ici en présence d'œuvres composées en roman. La chose nous paraît certaine pour le sermon sur *Laudate.* L'auteur y cite, en latin, un assez grand nombre de passages de l'Ecriture sainte, et les accompagne toujours de leur traduction en roman. Si ce sermon, comme ceux sur le Cantique des cantiques, n'était qu'une traduction, le même texte ne paraîtrait pas deux fois en deux langues : on se serait contenté d'en donner seulement la traduction.

Quant à la *Méditation*, dernière pièce du recueil, elle abonde en citations de l'Ecriture et en paroles des offices liturgiques, mais tous ces passages n'y paraissent que traduits. L'auteur y parle de muscade, *noimoscate*, de clous de girofle, *clauchon de girofflc*, de cannelle, *kanele*, f° 230 (1). Ces mots sentent moins le latin que la langue vulgaire ; cependant nous ne voudrions pas affirmer qu'elle n'est pas une traduction.

En résumé, notre volume est un recueil de pièces diverses que son auteur a réunies pour s'édifier lui-même et édifier ses lecteurs. Il en a emprunté presque la totalité à saint Bernard, à ses sermons, à ses traités. Sur 233 feuillets, saint Bernard en occupe 201 (1-179, 201-223). Le reste est rempli par quatre morceaux d'auteurs différents.

Ces morceaux nous donnent seulement la pensée de ces auteurs anonymes. La rédaction, le style sont de l'auteur du recueil, comme il a soin de nous en avertir lui-même dans les lignes qui précèdent le sermon sur sainte Agnès : « Notre Seigneur, dit-il, recommande à ses disciples de recueillir les fragments, pour les empêcher de périr. C'est pourquoi j'ai recueilli certains mots de certains sermons que j'ai entendus. Je les ai écrits en ce livre, afin qu'ils ne tombent pas dans l'oubli ; et, dès le commencement, je prie tous ceux qui le liront, ou qui en entendront la lecture, de prier spécialement pour moi et pour tous mes amis ; et je les prie que, s'ils y trouvent quelque chose à améliorer, qu'ils l'améliorent, et qu'ils ne pensent pas qu'elle a été ainsi prononcée, mais, par hasard, ainsi entendue. »

Ces paroles, évidemment, ne s'appliquent pas à la partie du volume consacrée aux œuvres de saint Bernard ; pas plus à ses sermons qu'à ses traités, puisque les uns et les autres nous donnent un texte tel qu'il est sorti de ses lèvres ou de sa plume. Elles nous montrent comment, au XIIe siècle, on recueillait parfois, pour ainsi dire au vol, les paroles qui s'échappaient de la chaire chrétienne, et pour lesquelles les prédicateurs ne recherchaient pas les honneurs de la publication.

Depuis longtemps déjà, on prêchait en langue vulgaire devant les foules qui ne comprenaient pas le latin. Nos sermons en langue romane sont de curieux spécimens de cette prédication.

(1) Littré ne donne des exemples de ces différents mots que d'après des ouvrages postérieurs à notre manuscrit. A remarquer particulièrement le mot de *clauchon* pour *clous* de girofle.

Quant aux œuvres de saint Bernard, bien que nous n'en ayons qu'une traduction, cette traduction est cependant des plus précieuses. Les parties dans lesquelles elle a été soigneusement revue, sont, surtout, de la plus grande importance pour l'étude de la langue romane à la fin du XIIe siècle. Le texte roman étant serré de près par le texte latin, le sens de chaque mot donné par le premier, est fixé aussi rigoureusement que par un dictionnaire. Si, dans les ouvrages versifiés de cette époque, l'allure du style est souvent gênée par les règles de la versification, notre prose romane a déjà dans ses tournures autant d'aisance que de variété.

A notre époque, où l'on se passionne avec raison pour tout ce qui touche aux origines de la langue française, la publication du texte des sermons de saint Bernard en langue romane serait du plus grand intérêt. Elle enrichirait le vocabulaire de cette langue, probablement d'expressions nouvelles, certainement de formes inédites de nos vieux mots français ; le grammairien pourrait y mieux étudier encore des règles grammaticales si longtemps méconnues, et que l'on appliquait pourtant avec soin, comme le montrent quelques-unes des corrections que nous signalons plus haut ; la pensée de saint Bernard elle-même nous apparaîtrait avec plus de clarté dans quelques cas douteux où la lecture défectueuse de telle ou telle lettre a fait adopter telle forme plutôt que telle autre dans le texte latin (1).

Les deux autres manuscrits des sermons romans de saint Bernard jouissent déjà des honneurs de l'impression. Le premier a été publié en 1885, le second, neuf ans après, en 1894. Voilà donc le tour au troisième à paraître. Sa naissance, vivement désirée, a déjà été l'objet de tant de démarches, que nous croyons proche le moment où il ira rejoindre ses deux aînés dans un public où, certainement, il ne fera pas moins bonne figure qu'eux.

(1) Ainsi, au commencement du traité *De laudibus Virginis Matris*, les éditions hésitent entre *moneat* et *moveat*, par suite de la ressemblance qui existe entre l'*n* et l'*u* des manuscrits. Le nôtre, avec son texte : « ce ke soventes fois ma *esmuet* mon corage », fº 201, tranche la question en faveur de *moveat*.

www.ingramcontent.com/pod-product-compliance
Ingram Content Group UK Ltd.
Pitfield, Milton Keynes, MK11 3LW, UK
UKHW020055100726
13658UKWH00004B/1768